LIDERAZGO
TRANSPARENTE

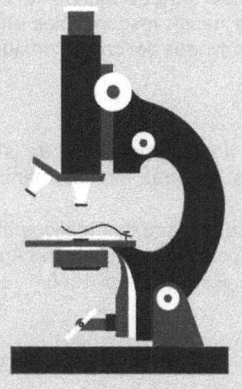

J A PÉREZ

Liderazgo Transparente

© 2016 JA Pérez
Todos los derechos reservados en toda imagen y letra. Copyright © 2016 por JA Pérez.

Nota de derechos
Todos los derechos reservados. Ninguna parte de este libro puede ser reproducida o transmitida en forma alguna ya sea por medios electrónicos, mecánicos, fotocopiados, grabados o en ninguna otra forma sin el expreso consentimiento escrito de la publicadora.

Nota sobre riesgos
La información contenida en este libro es distribuida "como está" y sin garantías. Ni el autor ni Keen Sight Books se hacen responsables en cuanto a daños causados por interpretaciones individuales privadas del contenido aquí expuesto.

Marcas Registradas

Liderazgo Transparente es un título propiedad de JA Pérez. Publicado y distribuido por Keen Sight Books. Todas las otras marcas mencionadas son propiedad de sus respectivos dueños.
Excepto donde se indique, todos los textos bíblicos han sido extraidos de la versión Reina-Valera 1960. © 1960 Sociedades Bíblicas en América Latina; © renovado 1988 Sociedades Bíblicas Unidas. Reina-Valera 1960™ es una marca registrada de la American Bible Society.

Nota gramatical: El autor ha usado mayúsculas en el uso de "Él" (en la primera letra) cuando éstos son usados en referencia a Dios.

Keen Sight Books

Puede encontrarnos en la red en: www.KeenSightBooks.com
Reportar errores de imprenta a errata@keensightbooks.com

ISBN: 978-1-947193-08-6

Printed in the U.S.A.

*este manual es dedicado a todos los
líderes que laboran con nosotros
en nuestra querida América*

Contenido

1 Autenticidad y los Millennials 9
2 Como publicar tus defectos 11
3 Integridad práctica 13
4 Carácter y Comportamiento Moral 15
Plan de trabajo 17
Trabajo de JA Pérez con líderes de Latinoamérica 22
Otros libros por JA Pérez 25

Esta literatura

Esta serie intenta comunicar al alumnado, doce columnas básicas elementales, necesarias para establecer los fundamentos sólidos sobre los cuales reposa el liderazgo sano.

No son éstos los únicos principios o conceptos que regulan la formación de un líder, sin embargo, estas doce áreas cubiertas en el libro, establecerán una buena base sobre la cual edificar.

Misión de la *Escuela de Liderazgo Internacional*

Levantar, equipar y enviar líderes de estatura, probados y consagrados, con visión global —listos para sentarse a la mesa con aquellos que moldean culturas, influyen decisiones y diseñan las ideas que dirigen el curso de vida en sus respectivos países.

¿Cómo lo hacemos?

A éstos procuramos proporcionar principios culturalmente sensitivos en un contexto internacional y ésto en sesiones exclusivas —todo en un marco de tiempo que líderes realmente ocupados pueden manejar.

Impacto a largo plazo

Líderes se han de formar con una mentalidad de impacto a largo plazo. Asegurando que la experiencia adquirida por los mismos se transmita de manera exponencial, a medida que se comprometen a influir a otros líderes y comunidades.

1

Autenticidad y los Millennials

Los millennials. La generación más grande.

Aquellos nacidos entre el 1981 y 1997, ha sido una generación formada por intensos sucesos y cambios. Experimentaron el ataque más grande a nuestra nación el 11 de Septiembre del 2001, la gran recesión económica del 2008, la elección del primer presidente no procedente de la raza blanca y el gran surgimiento del internet global. Comparada con otras generaciones, los millennials se muestran menos interesados en matrimonio, religión, ejército o partidos políticos.

Pero una cosa si valora este generación. Autenticidad.

Ellos no serán impresionados por el carisma o personalidad de un líder. No son seguidores, tienden a ser más pensadores con mucho individualismo.

Valoran la honestidad y la verdad, y tienen a su mano las fuentes de información para comprobar si lo que se les dice es verdad y además si tiene sentido.

Es por eso que los predicadores que manipularon otras generaciones proyectando tener un conocimiento o revelación única o superior, no pueden impresionar a esta generación, y esto es muy bueno. Esto hace que legitimidad y transparencia sean constantes en la vida de la iglesia y el liderazgo cristiano.

Por otro lado, la autenticidad no se puede fingir. Entonces alguien que trate de proyectar ser auténtico sólo por el hecho de alcanzar a los milenios no pasará la prueba.

Yo creo que estamos en un tiempo donde todo fundamento es sacudido y solamente todo lo que es puro y verdadero tendrá una verdadera función dentro del cuerpo de Cristo. Esto es buenas noticias.

2

Como publicar tus defectos

Los días de predicadores superhombres que proyectaban tener todos sus problemas resueltos ya han terminado.

La presente generación aprecia y respeta más a un líder que no esconde su humanidad.

Como comunicador, conferencista, predicador, no temas que tus defectos sean visibles.

Los millennials a parte de valorar autenticidad, también es una generación que posee gran tolerancia y aceptación hacia aquellos que no llegan a la marca.

Generaciones anteriores juzgaban más duramente a personas que fuesen diferente a ellos o que cometieran un error. Fueron generaciones más fariseas, más legalistas, y menos tolerantes.

Con esto en mente, el líder de hoy no debe tener miedo en exponer sus defectos.

- Habla de los problemas que enfrentas

- Habla de la enfermedad
- Habla de tus dudas
- Habla de tus conflictos internos
- Tu audiencia apreciará tu sinceridad

Se transparente.

3

Integridad práctica

En América Latina han existidos muchos abusos de partes de líderes cristianos, especialmente en el área de eventos masivos.

Usted vió como un predicador famoso vino a una ciudad y llenó un estadio y recogió tres ofrendas antes de predicar. En ocasiones hasta con profecías directas ofreciendo beneficios materiales a cambio de donaciones. Estas prácticas han dañado a mucha gente.

Nosotros como equipo hemos tenido que enfrentar los escepticismos de parte de los pastores en ciudades cuando vamos a desarrollar un proyecto de festival.

Para poder contrarrestar los efectos de los daños que han causado otros que vinieron antes a esa ciudad, hemos tomado medidas saludables, por ejemplo:

- No recogemos ofrendas en los eventos

- Las entradas a los conciertos y talleres y a todo lo que está pasando en el festival es gratis

- No se le pide dinero a las iglesias locales

- No se vende nada en el festival

Además, nuestro equipo trabaja arduamente trayendo labores humanitarias y proyectos de beneficio público, para mejorar las vidas de los habitantes de esa ciudad.

Usted se preguntará, ¿entonces cómo hacen para pagar por todo eso?

Buena pregunta, pues todo cuesta dinero.

Para sufragar los gastos de un proyecto procuramos asociarnos con organizaciones y entidades que piensan igual que nosotros.

Además confiamos que si es la voluntad de Dios que llevemos a cabo un proyecto, Él proveerá los donadores y personas que crean en lo que estamos haciendo y sientan en su corazón invertir en ello.

Nuestros socios reciben un reporte transparente y bien explicado en cuanto a cómo se usó cada centavo invertido en el proyecto.

4

Carácter y Comportamiento Moral

Yo creo que quienes pueden hablar más por ti y dar testimonio de tu vida, tu carácter, tu decencia y moralidad, son primeramente tu familia y luego tu equipo.

La esposa y los hijos de un líder reflejan el espíritu de ese líder. Esto no quiere decir que estos están exentos de error. Un gran líder tendrá hijos que atravesarán la adolescencia como cualquier otra familia y tendrán pruebas familiares como todos. Sin embargo, el carácter e integridad del líder será probado en todas las circunstancias de su vida y al final, este seguirá mostrando firmeza y estabilidad espiritual, lo cual es el sello de su carácter.

El otro factor es el equipo. Aquellos que continuamente están a tu alrededor, en la oficina, en el avión, en los eventos. Estos te ven operar bajo presión. Enfrentar obstáculos y ataques, y continuamente ven como reacciones. Ellos te ven cansado y ven tu humanidad.

Especialmente aquellos que llevan años trabajando contigo y todavía están a tu lado. Eso habla muy fuerte de tu carácter como líder y como ser humano.

Un buen líder es la misma persona cuando está en casa, cuando está en la oficina, y cuando está hablando en público.

Esto lo hace honesto y sincero.

Plan de Trabajo

Medite en lo leído y use los espacios debajo para completar su tarea.

Si usted ha usado la versión digital de este material y lo ha tomado como curso, puede someter las respuestas electrónicamente para calificación a la siguiente dirección:

eli@japerez.com

Incluya en su correspondencia:

1- Título de este manual

2- Su nombre y apellidos completos

Alternativamente lo puede enviar por correo tradicional a:

Escuela de Liderazgo Internacional
P.O. Box 211325
Chula Vista, CA 91921 U.S.A.

Explique por qué las nuevas generaciones valoran tanto la *autenticidad*.

¿Por qué los días de predicadores superhombres que proyectaban tener todos sus problemas resueltos ya han terminado?

¿Por qúe es tan importante para un líder poder exponer sus defectos?

Explique como puede un líder ejercitar *integridad práctica*.

¿Cómo la esposa y los hijos de un líder reflejan su espíritu?

Principios aprendidos en este manual:

_____
_____
_____
_____
_____
_____
_____
_____

Textos o frases a memorizar:

_____
_____
_____
_____
_____
_____
_____
_____
_____
_____
_____

Ajustes que debo hacer a mi manera de pensar:

Otras notas:

Formando líderes con mente de reino

Con más de treinta y cinco años de ministerio, y una reconocida trayectoria internacional, que incluye estrechas relaciones con economistas, dignatarios y aquellos que moldean las culturas presentes en las naciones, el autor ha mostrado ser una autoridad en la materia de formar líderes.

Escritor, humanitario, moldeador de culturas y precursor de movimientos de cosecha en América Latina. Su mensaje atraviesa generaciones, culturas y naciones. Ha escrito varios libros y asiste a intelectuales, así como a iletrados, en la adquisición de destrezas esenciales y soluciones pragmáticas para comunicar esperanza con valentía en entornos complejos, y a veces hostiles.

Sus concentraciones masivas y misiones humanitarias han atraído grandes multitudes durante años guiando a miles a una relación personal con Jesucristo.

Él, su esposa y sus tres hijos, viven en un suburbio de San Diego en California, desde donde se coordinan todos los eventos de la asociación que lleva su nombre.

Trabajo de JA Pérez con líderes de Latinoamérica
Cuando una ciudad o provincia es impactada, con frecuencia gobernantes y líderes nacionales —senadores y congresistas— asisten al evento y reconocen el movimiento, pero los frutos mayores del proyecto completo son las miles de vidas que son transformadas por el poder del evangelio. Ese es el principal propósito de todo — comunicar las buenas noticias de Cristo.

Líderes con visión global
Los líderes que equipamos en las Américas, son quienes sostienen y dan seguimiento a movimientos de cosecha cada vez que concluye un proyecto a nivel ciudad. Ya equipados para comunicar el evangelio de una manera relevante y culturalmente sensitiva, estos corren con la comisión de hacer discípulos en cada generación y grupo étnico en todas las esquinas del continente.

Otros libros por JA Pérez

JA Pérez ha escrito más de 50 libros y manuales de entrenamiento. Todos sus libros están disponibles en Amazon.com así como en librerías y tiendas mundialmente. Libros con temas para la familia, empresa, liderazgo, economía, profecía bíblica, devocionales, inspiracionales, evangelismo y teología.

Serie Líderes

Esta serie está compuesta por doce manuales, con ejercicios y espacios para notas y tareas, de manera que el alumnado pueda recordar y poner en práctica cada uno de los principios aprendidos.

Los principios comprendidos en estos doce manuales también se encuentran en el libro *12 Fundamentos de Liderazgo* para ser usado en lectura regular.

Series Conferencias

Discipulado para Nuevos Creyentes y Estudios de Grupos

Liderazgo, Gobierno y Diplomacia

Inspiración y Creatividad en Liderazgo

Temas Varios

Crecimiento Espiritual, Principios de Vida y Relaciones — Recientes

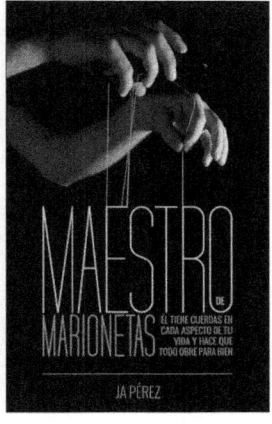

Profecía Bíblica   Teología

Evangelismo y Colaboración

Devocionales

Ficción, Historietas

Crecimiento Espiritual, Principios de Vida y Relaciones — Clásicos

English
Evangelism and Collaboration

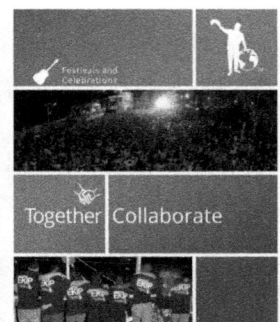

Contacte/siga al autor

Blog personal y redes sociales

japerez.com

@japereznow

facebook.com/japereznow

Asociación JA Pérez

japerez.org

Keen Sight Books

www.ingramcontent.com/pod-product-compliance
Lightning Source LLC
Chambersburg PA
CBHW070454050426
42450CB00012B/3279